远交近攻

◎◎ 主编 金开诚

◎◎ 编著 管宝超

吉林出版集团有限责任公司

吉林文史出版社

图书在版编目（CIP）数据

远交近攻——范雎 / 管宝超编著 . —长春：吉林
出版集团有限责任公司，2011.4（2022.1重印）
ISBN 978-7-5463-5021-9

Ⅰ . ①远… Ⅱ . ①管… Ⅲ . ①范雎（？～前255）–
生平事迹 Ⅳ . ① K827=31

中国版本图书馆 CIP 数据核字（2011）第 053482 号

远交近攻——范雎

YUANJIAO JINGONG FANSUI

主编/ 金开诚　编著/管宝超
项目负责/崔博华　责任编辑/崔博华　高原媛
责任校对/高原媛　装帧设计/柳甬泽　徐 研
出版发行/吉林文史出版社　吉林出版集团有限责任公司
地址/长春市人民大街4646号　邮编/130021
电话/0431-86037503　传真/0431-86037589
印刷/三河市金兆印刷装订有限公司
版次/2011 年 4 月第 1 版　2022 年 1 月第 5 次印刷
开本/650mm×960mm　1/16
印张/9 字数/30千
书号/ ISBN 978-7-5463-5021-9
定价/34.80元

前　言

　　文化是一种社会现象，是人类物质文明和精神文明有机融合的产物；同时又是一种历史现象，是社会的历史沉积。当今世界，随着经济全球化进程的加快，人们也越来越重视本民族的文化。我们只有加强对本民族文化的继承和创新，才能更好地弘扬民族精神，增强民族凝聚力。历史经验告诉我们，任何一个民族要想屹立于世界民族之林，必须具有自尊、自信、自强的民族意识。文化是维系一个民族生存和发展的强大动力。一个民族的存在依赖文化，文化的解体就是一个民族的消亡。

　　随着我国综合国力的日益强大，广大民众对重塑民族自尊心和自豪感的愿望日益迫切。作为民族大家庭中的一员，将源远流长、博大精深的中国文化继承并传播给广大群众，特别是青年一代，是我们出版人义不容辞的责任。

　　本套丛书是由吉林文史出版社和吉林出版集团有限责任公司组织国内知名专家学者编写的一套旨在传播中华五千年优秀传统文化，提高全民文化修养的大型知识读本。该书在深入挖掘和整理中华优秀传统文化成果的同时，结合社会发展，注入了时代精神。书中优美生动的文字、简明通俗的语言、图文并茂的形式，把中国文化中的物态文化、制度文化、行为文化、精神文化等知识要点全面展示给读者。点点滴滴的文化知识仿佛颗颗繁星，组成了灿烂辉煌的中国文化的天穹。

　　希望本书能为弘扬中华五千年优秀传统文化、增强各民族团结、构建社会主义和谐社会尽一份绵薄之力，也坚信我们的中华民族一定能够早日实现伟大复兴！

目录

一、历史背景

（一）战国形势

春秋时期，五霸相继，各自称雄。自从历史进入了战国时代，天下形成齐、魏、赵、秦、韩、楚、燕七个大国争雄的局面，人们把这七个大国叫"七雄"。七雄的地理方位是：楚在南，赵在北，燕在东北，秦在西，齐在东，韩、魏居中。

战国初年，魏国首先成为最强盛的

国家。这主要归功于魏文侯时期的李悝变法，经过变法，促进了魏国经济的发展，形成了中央集权的政治制度，建立了一支以武卒制为基础的强大的武装力量。因此从公元前413年起，魏文侯便不断向秦国进攻，到公元前408年，就全部攻占了秦国的河西地区，秦人被迫退守洛水。同时，又派大将乐羊领兵越过赵国进攻中山国，最终在公元前406年灭掉了中山国。在取得西方和北方的胜利之后，魏文侯又率领韩赵联军向东方发展，公元前404年，魏赵韩联军一直攻入齐国的长城，大败齐军，声威大震。在魏武侯时期，又开始向南发展，经过几次战争，取得了郑、宋、楚三国间的大块土地。公元前391年，魏赵韩联军大败楚军于大梁、榆关，魏国便占有了大梁及其外围襄陵。公元前371年，魏国又攻取了楚的鲁阳。从此在黄河以南占有了广大的土地，为后来迁都大梁奠定了基础。魏惠王时期，为了巩固霸业，采取了多项措施：迁都大梁，加强了对东方诸侯的控制，并且保证了国都的安全；兴修水利发展生产，开凿运河，修筑黄河长堤，不仅使生产有所发展，而且在一定程度上缓和了统治阶级与人民之间的矛盾；对外团结

韩赵，公元前361年，魏惠王把原来攻占的赵国榆次、阳邑交还赵国，以求得和赵国和好，同年，魏惠王和韩昭侯在巫沙相会，几年后，迫使韩国和魏国结盟；同时，使龙贾率师筑长城于西边，后又扩建，对秦国采取防御措施。因而使得霸业得到巩固。

为了对付魏国，公元前356年，赵成侯和齐威王、宋桓侯在平陆相会，齐赵结成了联盟，共同对付魏国。对于齐赵的联

合，魏国显然是不能忍受的，因此，魏国起兵伐赵，包围了赵都邯郸，赵国不得不向齐国求救。公元前353年，魏国攻破赵都邯郸。而当邯郸告急的时候，齐威王当然不能坐视不理，于是命田忌为大将，孙膑为军师，率兵救赵。面对强大的魏国，孙膑采取避实击虚的策略，没有正面和魏国冲突，利用魏国大兵出动、国都空虚的机会，趁机袭击魏国都城大梁，迫使魏军回兵自救。齐军则在桂陵设下埋伏，阻击魏军，魏军大败。一场失败并没有阻止魏国继续称霸的步伐。而此时的齐国，还不是魏国的对手，因此只能从侧面打击魏国。在公元前352年，魏国联合韩国在襄陵打败了齐、宋、卫的联军，齐国不得已请楚将景舍出来向魏求和。

僻在西陲的秦国由于实行了商鞅变法，国力大盛，于是乘魏国用全力在东方和齐赵争斗之机，向魏进攻。公元前354年，秦国攻取了魏国的河西重镇少梁。两年后，秦军渡过黄河攻占了魏的旧都安邑。面对秦军的进攻，魏国显然不愿意两面受敌，于是在公元前351年把邯郸归还赵国，与赵国在漳水结盟，以便集

中力量对付西边的秦国。公元前350年，魏军大举反攻，不但收复了原有的失地，而且围攻秦国的定阳，秦廷大震，秦孝公"寝不安席，食不甘味"，经过商鞅的活动，秦魏讲和息兵。公元前344年，魏惠王召集了逢泽之会，十二诸侯参会，会后一同朝见了周天子，使得魏国的霸业得到了确认。

就在魏国沉浸在称霸的喜悦之中时，却传来了些许不和谐的声音，因为害怕继续强大的魏国会给自己带来威胁，韩国没

有参加逢泽之会，并且因此和抱有同样想
法的齐国亲近起来。对于韩国的公然背
叛，魏国当然不能容忍。公元前342年，魏
惠王派大军攻韩，连败韩军，韩国不得已
向齐国求救。齐威王派田盼、田忌、田婴
为将，孙膑继续为军师，起兵攻魏救韩。
魏惠王也派大将庞涓、太子申为将，带领
十万大军迎战，两军一时陷入胶着状态，
而这显然不是齐国所希望看到的，孙膑

和庞涓本来是师出同门，彼此都很了解，而且庞涓还曾经设计陷害孙膑，险些要了孙膑的性命。庞涓自视甚高，根本没有把齐军和孙膑放在眼里。公元前341年，孙膑利用庞涓轻视齐军的弱点，以逐日减灶的计谋引诱魏军，并且在马陵设伏，包围了齐军，结果十万魏军被歼灭，庞涓自杀，太子申被俘。这是魏国历史上从未有过的惨败。而其他各国也趁魏国失败的机会，从东、西、北三面夹攻魏国，齐国和宋国的军队围攻魏国的平阳，公元前340年，秦国商鞅用计擒魏公子印，大破魏军。在这样的沉重打击下，魏国的实力由于损失惨重而大大削弱了，不仅丧失了霸主的地位，而且不得不向齐国屈膝，在这种局面下，齐国的地位迅速提升，代替魏国称霸。

（二）秦国局面

秦国由于地处西陲，一直没有受到中

原诸侯的重视，一度被视为蛮夷，社会经济发展比较迟缓，直到秦孝公即位，痛感"诸侯卑秦，丑莫大焉"，决心继承献公的事业，进行改革。他下令求贤，注意选拔人才。而此时，商鞅从魏国来到秦国，通过景监得见秦孝公，以"强国之术"说服了孝公，大规模推行了两次变法，主要内容有"开阡陌封疆"，从法律上维护了封建土地私有制，有利于封建地主经济的发展；奖励军功，建立军功爵制，这对旧贵族来说是个沉重的打击，而对于当时新兴的地主阶级来说，则是个鼓励；实行重农抑商政策，以促进封建性的小农

经济的发展；统一度量衡等。经过变法改革，使得原本比较落后的秦国一跃而成为战国时期最先进的强国，为日后统一六国打下了基础。

马陵之战后，由于魏国国力被削弱，出现了秦、齐两大强国东西对峙的形势。这时各大国陆续称王，作为缓冲地带的小国大量消失，大国领土相邻，于是彼此之间的冲突就更加剧烈了。秦、齐两大国展开了争取弱国、孤立敌国的斗争，而魏、赵、韩等国，也分成了联秦抗齐和联齐抗秦两派，从而展开了"合纵连横"的活动。

所谓的合纵连横，从地域上讲，就是以韩赵魏为主，北连燕，南连楚，南北相连为纵；东连齐，西连秦，东西相连为横。从策略上来说，合纵是"合众弱以攻一强"的意思，是阻止强国进行兼并的策略；连横是"事一强以攻众弱"的意思，是强国迫使弱国帮助它进行兼并的策略。起初，合纵既可以对秦，也可以对齐，连横既可以连秦，也可以连齐。合纵

是六国合力抵抗秦国,连横是六国分别
投降秦国的意思。结果,经过张仪、公孙
衍的连横合纵,苏秦的合纵攻秦,战国时
代的形势逐渐朝着对秦国有利的方向发
展,使得秦国国力更加强大,慢慢走向了
统一。

　　进入战国中期,随着合纵连横活动

的不断进行，齐、楚、魏都受到了不同程度的削弱，为秦国推行"远交近攻"的策略创造了条件。而此时秦国国君虽是秦昭王，但实际却是宣太后和穰侯魏冉专权。而穰侯、华阳君，都是昭王母亲宣太后的弟弟，也就是昭王的舅父；泾阳君、高陵君是昭王的亲弟弟，穰侯为相，其余三人换着统兵，各有封邑，因为都受宣太后的宠爱，家财比国库还要富有。而魏冉为了扩大自己在陶（今山东定陶）的封地，强令秦军越过韩魏远攻齐国的刚（山东宁阳东北）、寿（山东东平西南），在此情形下，范雎开始行动了。

二、辛酸往事

（一）身遭大难

范雎(?—公元前255年)，也叫范且，字叔。战国时期魏国人，当时天下才智之士多靠游说诸侯，期望一朝打动君主，便能裂地封侯。作为一介贫寒之士，范雎也想要游说魏王，只是家境贫寒，没钱来买通关节，连魏王的面都见不到，于是就先投身到中大夫须贾的门下。中大夫，职位与九卿、尚书相近，是朝中重臣，因此范雎细心伺候须贾，等待时机。

春秋时期，齐国是五霸之一，又有渔盐之利，国力相当强盛。进入战国，由于发生了田氏代齐的事件，齐国的国力不如以前，而且田齐能够列为诸侯也是靠魏国的帮助，因此，齐魏两国的关系比较融洽。但自从进入战国中期，齐魏多次大战，关系一度紧张，恰在此时，魏昭王派须贾出使齐国。须贾带着范雎一干人等，

来到齐国，觐见过了齐襄王，回到馆驿住下，等候齐王回话。但不知道是什么缘故，一直也不给个回话，须贾回去无法交差，只能继续住在齐国，一住数月。齐襄王无心理会须贾，却听人说范雎是天下有名的辩才，因此派人赏赐他十斤黄金，还送了一只牛和许多酒，或许是爱惜人才并借机拉拢。而范雎深知自己当前的处境微妙，因此坚决不敢接受。虽然如此，这事还是很快传到须贾耳朵里了，他以为范雎是出卖了魏国的机密情报，才得到

齐王的赏赐，心中十分不满，就逼着范雎
收下牛和酒，退还黄金，不管范雎怎么辩
解，须贾就是不听。

　　回到魏国后，须贾的怒火还是无法
平息，再加上或许是怕承担责任，就把这
事报告了魏国的相国，也就是魏昭王的
儿子魏齐。魏齐听说居然有人胆敢把魏
国的情报出卖给齐国，当时就火冒三丈，
心想如果不严加惩处，将来人人仿效，
可就是国将不国了。当即就派人抓来范
雎，命令下人往死里打，范雎辩解无用，

只能默默忍受。结果肋骨被打断了好几根，牙齿也打掉了不少，逼于无奈，只能闭目装死，眼见打人出了人命，魏齐心里很是不爽，便命人用草席卷上尸体，扔在厕所中。自己则和一帮宾客饮酒作乐，心里仍旧不解气，就让喝醉了去上厕所的人往范雎身上撒尿，借此警告国人，出卖情报、当奸细没有好下场。等厕所里没有旁人的时候，范雎在草席中对看守厕所的人说，你要是能帮我逃出去，我一定好好地感谢你。看守见死人说话，先是吓了一大跳，以为是诈尸，后来听到范雎许诺的报

酬，就心动了，范雎还帮他想好了说辞。

于是看守趁魏齐醉酒还没醒的时候去见

他，说在厕所里对着个死人很害怕，请

求让他拉出去扔掉，魏齐正在醉中，随口

就答应了，范雎这才逃了出来。魏齐酒醒

后，想起来问范雎在哪里，左右回答说尸

体已经扔掉了，是你同意的。魏齐知道范

雎是个人才，心下有些后悔，就又派人四

下里寻找。魏国有个人叫郑安平，素来与

范雎关系好，就让范雎改名叫张禄，带着

范雎开始逃亡生涯，四处躲避。

（二）西行入秦

当时，正值秦昭王派使者王稽出使魏国，顺便访求魏国的人才。郑安平听说此事后，就来到王稽所在的馆驿，装扮成馆驿的工作人员，在王稽身边伺候，想借机向王稽推荐范雎。结果有一天，王稽问身边的人，说魏国有没有不得志的人才，可以跟他一起去秦国建功立业呢？郑安平就在一旁回话，说小人邻居中有一个张禄先生，有十分的才干，想来拜见大人，跟

您剖析天下的大事。因为他有仇人在找他，所以白天不敢来。于是王稽说，那你晚上带他来吧。当天夜里，郑安平带着化名为张禄的范雎去见王稽，一席话还没说完，王稽就知道他是个了不得的人才，说："先生果然是大才，不必多说，请在魏国边境的三亭南边（所谓三亭，就是边境上最外面的三个亭子，送行的人在亭子里饯行完毕就回去了，四下无人，是十分理想的接头地点）等着我。"并定下了接头暗号。

过了一段时间，王稽完成了在魏国的外交活动，辞别魏王，依约在三亭南边接上范雎，一起进入了秦国，范雎终于逃离了虎口，但等待他的又是什么呢？前途依旧是一片迷茫。到了秦国的湖城县，远远地望见有一队车骑从西边过来。范雎问王稽来的是什么人，王稽说是相国穰侯路过。范雎听说穰侯十分专权，并且特别反对接纳其他诸侯国的说客辩士，知道

自己如果让他见到了，轻则被他侮辱，重
则可能会被他赶走，还是躲在车里较好。
于是他躲在王稽车中。过了一会儿，穰侯
的车队过来了，看见王稽，便过来对王稽
表示慰问，停下车子问道："关东没什么
变故吧？"王稽说："没有。"穰侯又问：
"你出使魏国没有带什么说客辩士回来
吧？这些人只会凭口舌搅乱国家，对国家
毫无用处啊。"王稽说："不敢。"然后穰
侯就走了。范雎在车里对王稽说："我听
说穰侯是个非常聪明的人，只不过可能

反应有点慢，刚才肯定疑心车里有人，忘记查看罢了，一会儿反应过来，肯定还会再来查看的，我还是躲到前面野地里去吧。"往前走了十余里，穰侯果然派人赶来查看车里，确定里面没人才离去，范雎这才得以进入秦国都城咸阳。

王稽向秦昭王汇报了出使经过，最后向秦王说："魏国有一个张禄先生，是天下有名的辩士，非常了不起，曾经对我说：'秦国现在的形势，已然是危若累卵，十分危险，只有我能够保它的安全，然而我的谋略事关重大，不能用书信来传达。'因此我就把他带来了咸阳，如今在外面等候大

王您的召见。"对于这种自命自夸的所谓
"人才",秦王大概是见得多了,因此不
相信王稽的话,但为了显示秦国重视人
才,也不能置之不理,因此秦王只命人用
最低等的待遇安排张禄,让他等候召见,
心想时间长了,你自然就没耐心,也就离
开了。而这一等就是一年多。

　　按说以秦国这样一个经常任用外来
人才作丞相的国家,应该对来自其他诸
侯的说客十分重视才对,为什么秦昭王却
如此怠慢呢?原来,当范雎来到秦国的时
候,秦昭王已经在位三十六年,秦国的国

力也是空前强盛。秦军向南攻下了楚国都城郢和鄢，将楚怀王在秦国关到死，向东大破齐国，齐湣王原本想和秦昭王约称东西二帝，在此种情形下，也不得不取消帝号，不敢以强国自居。同时秦军还不断和三晋交战，多次大败三晋联军。可以说，这时候的秦昭王正是志得意满，对天下的辩士根本就不相信。因此冷落范雎也是在情理之中，面对这样的情形，范雎应当何去何从呢？坐以待毙自然是不行的，等待时机又不知道会在何时，但机会往往眷顾那些有准备的人，就在此时，机

会来了。

当时的秦国，经过商鞅变法，旧贵族的势力已经大大削弱，一批因军功而显现的新贵族也开始活跃于政坛。但是，也有一些因为亲戚关系而身居高位的重要人物。秦昭王是秦武王的弟弟，秦武王死后，无子，昭王因此立为秦王。昭王生母以前号为芈八子，等到昭王即位，就号为宣太后，宣太后有两个弟弟，穰侯是她

的同母异父弟弟，姓魏，名冉，华阳君是
她的同父弟，名戎。泾阳君、高陵君是昭
王的亲弟弟，昭王即位后，任命魏冉为将
军，护卫咸阳。诛灭了季君的叛乱，将武
王后驱逐到魏国，昭王兄弟中有不听命
的都被灭掉，因此威震秦国。而昭王即位
时年幼，因此，宣太后自治，任命魏冉为
执政。

　　昭王七年，樗里子去世，秦国使泾阳
君为质于齐。此时，赵人楼缓来秦国为丞

相，这对赵国显然是不利的，于是赵国派遣仇液来到秦国，请求秦国让魏冉为相国。仇液临出发的时候，他的门客对他说："秦国如果不听从您的建议，楼缓必然会怨恨您的。您不如对楼缓说：'因为您的原因，我在劝说秦王任命魏冉时会有所保留的。'秦王见赵国的使者请求任命魏冉，必然不会听从您的建议。您向秦王这么说了，如果事情不成功，秦王仍然会任命楼缓为相国，您会得到楼缓的好感；如果事情成功，秦王任命魏冉为丞相，魏冉当然也会感激您的。"仇液认为他说

得对，就按照他说的行事，秦王果然罢免
楼缓而任命魏冉为丞相。魏冉当了秦国
的相国后，举荐白起，使其代替向寿攻打
韩、魏，在伊阙大败之，斩首二十四万，
俘虏了魏国大将公孙喜，第二年，又攻取
了楚国的宛、叶。此时，魏冉称病请求隐
退，让他的客卿担任相国。一年后，魏冉

再次被任命为相国，又被封在穰地，后来又把陶地封给了他，号为穰侯。穰侯为相，其余三人换着统兵，各有封邑。而战国时代，随着农业、手工业、商业的发展，以及专制主义中央集权制度的形成，促使政治、经济、文化日益集中，因而使城市得以迅速发展，当时列国的都城和郡县的治所，都发展成为规模不等的城市，如齐国的都城临淄，楚国的都城郢，燕国的下都武阳都十分繁华。另外还有些城市的商业很繁盛，如陶，因为是"天下之

中,诸侯四通,货物所交易"的地方,曾经一度成为齐、秦、赵三国激烈争夺的目标,最终还是秦国实力更胜一筹,占有了陶邑,并且将其作为穰侯的封地。另一方面,因为受到宣太后的宠爱,穰侯的家财比国库还要富有,但是越是在高位的人,对于权力和财富的追求越是没有尽头,为了获得更多的财富,等到穰侯统兵时,他甚至强令秦军越过韩、魏,去攻打齐国的纲、寿,借机扩大自己的封地。如果这一情况长久持续下去,对于秦国的统一大业肯定造成相当大的危害。因此听到这件事,范雎当然不会任由机会溜走,他开始行动了。

三、初露锋芒

（一）深宫奏对

面对穰侯的行动，范雎主动向秦王上疏说："我听说，贤明的君主管理国家的原则，是有功劳的人不能不赏，有能力的人不能不封官，勤劳的人酬劳就高，功劳大的人地位就尊贵，能够治理众人的人官就大。所以没能力的人不能当官，有能力的人也不能不用。如果大王以为我的

话有道理，希望大王能够采纳我的进言，任用我为大王效力；如果大王觉得我不过是胡说八道，让我长年等在这里也没有意义。古语说得好：平庸的君主只会封赏自己喜欢的人，惩罚自己讨厌的人；但贤明的君主就不会这样，赏只会给有功的人，刑罚只会施加在有罪的人身上。臣我也不是刀砍不动、斧斩不死的人，断然不敢拿性命当儿戏，千里迢迢地跑来跟大王您说些没用的事情，虽然臣下我人轻命贱，难道大王不考虑一下推荐我的人对大王的耿耿忠心吗？"

　　"我听说周朝有砥砨，宋国有结绿，梁国有县藜，楚国有和朴，出土的时候，所有能工巧匠都看走了眼，但最后都成了天下最有名的宝物，由此看来，虽然大王现在不愿用我，难道我就真的不能帮助大王增强秦国的实力吗？"

　　"我听说，善于发家的人，一定是从国家取得财物；善于持国的人，则是取之于诸侯。天下有贤明的君主，那诸侯就不可能强大，为什么呢？因为贤明的主上会

将诸侯的财物取来增加自己的力量。一个良医能知道病人的生或死，一个贤明的君主能明了成和败的道理，有利的就采用，有害的就舍弃，不确定的就先慢慢尝试，即使是舜和禹再世，所作所为也不过如此罢了。我心中那些最重要的话语，都不敢写在这里；能写在纸上的，又没有办法打动大王，总不会是我太笨，因而所想的，大王都不关心，还是我太低贱了，大王就不愿意任用了吧？大王自然不会是这样的人，希望能赐给我一个朝见的机会，让我见到大王的尊容。如果见面后大

王还认为我的话语无用，我情愿马上被砍头。"

秦昭王看到范雎的信，龙颜大悦，于是传来王稽，向他致歉，并让他派车去接范雎，在离宫接见他。范雎进宫后，就在秦王快来时，他假装以为这是监狱而进来看热闹，就在那里左瞧瞧右瞧瞧，宦官们又惊又怒，往外赶他，说："秦王来了！"范雎装模作样地在那里大声说浑话，说："秦国哪有秦王啊？秦国只有太后和穰侯罢了。"想以此话打动秦王。秦昭王在一旁听到，心中不免有所触动，于是他先向范雎表示欢迎，然后向他赔礼，说："我本该早就来向您请教了，只是前一阵子因为义渠的事情脱不开身，一直没有时间，而且每天又要早晚侍奉太后，听候她老人家的旨意，如今义渠的事情总算忙完了，寡人才有时间向先生请教。虽然我很愚笨，还是希望能恭恭敬敬地完成欢迎您的礼节。"范雎也向秦王告罪，当天见到这一幕的人，无不肃然变色。

秦王屏退左右的人，深宫中就剩下他和范雎，然后跪坐在地上，态度恭敬地对范雎说："先生今日前来，是对寡人有什么指教呢？"范雎唯唯诺诺，含含糊糊

地应付了过去。过了一会儿，秦王又问，范雎仍旧是唯唯诺诺，搪塞过去，相同的情况就这么来来回回地进行了三回，秦王心里有些不满，心想以寡人的雄才大略，数载征讨，无往不胜，难道就没有一点成绩？但作为一国之君，也一定是有过人之处，秦王心想，难道此人真的有大智慧，若如此，这样也不算丢脸面，于是仍旧是一副毕恭毕敬的样子，对范雎说："先生

难道真的不愿意指点我吗？"范雎看看也差不多了，知道秦王也确实是个有作为有气度的君王，于是，他说："不是我不想跟大王说知心话。想当年姜太公遇上周文王的时候，他只是个在渭水边钓鱼的渔父，一贫如洗，穷困潦倒。当时，他跟文王的交情非常浅，然而一番谈话后，文王就任命他为太师，用自己的车子载他回去，为什么呢？是因为谈得很深的缘故。文王最终依靠吕尚，建立了不朽的功勋，平定天下。假使文王因为交情浅而不

与他深谈，周朝也就没有天子的功德，文
王和武王也就不能成就霸业。而今天，我
不过是个在外游荡的人，无依无靠，与大
王的关系疏远，但我想说的，却都是匡护
君王的大事，涉及到大王的至亲骨肉。我
想向大王效忠至死，但却不明白大王的
心思，因此，大王问我三次，我都不敢回
答。我并不是怕死而不敢说，即使知道今
天说完明天就要被杀死，我也不敢回避
啊！大王相信我的话，那么死也就不是我

担心和害怕的了。何况以五帝的圣明、三皇的仁爱、五霸的贤明也都死了，乌获、任鄙这样的大力士也都死了，孟贲、王庆忌、夏育这样的勇士也都死了，死是人人都免不了的。我死了不要紧，只要我的计策能被大王采纳，我是虽死犹荣。伍子胥当年是躲藏在口袋里逃出昭关的，他晚上出行，白天躲藏，到了凌水，吃不上饭，饿着肚皮，双膝跪地，双手爬行，在吴市讨饭度日，但终于帮助阖闾复兴了吴

国，使吴王阖闾建立了霸业。如果能让我像伍子胥一样呈献计谋，即使遭到囚禁，终身不再出狱，只要能实现我的计谋，我还有什么可忧虑的呢？当初殷朝的箕子，楚国的接舆，漆身为厉，披发为狂，却终究无益于殷、楚。如果使我与箕子、接舆有同样的遭遇，也漆身为厉，只要有益于圣明的君王，这就是我最大的光荣，我又有什么可感到耻辱的呢？怕的是，我死后，天下的忠臣见我尽忠而死，因此而裹

足不前，闭口不言，不肯再来秦国效力了。只是大王你对上害怕太后，对下又被奸臣迷惑，长年住在深宫之内，至今没有脱离保姆的身边，一直迷惑到今天，也没有人能帮你辨明忠奸。长此以往，大则江山危险，小则性命难保，这才是我担心的。至于个人生死荣辱，我倒是没放在心上。"

（二）远交近攻

　　范雎的一番话，颇能打动秦王。于是他用谦卑的姿态、诚恳的话语向范雎求教治国之道。秦王说："先生怎么说出这样的话呢？秦国是个偏僻边远的国家，我又是一个没有才能的愚人，先生能到敝国来，这是上天让我来烦扰先生，使得先王留下来的功业不致中断。我能接受先生的教导，这是上天要先生扶助先王，不抛弃我。今后事无大小，上至太后，下

及大臣，所有一切，都希望先生一一给我
教导，千万不要对我有什么疑惑。"范雎
因而再次拜谢，秦王也再次回拜。

范雎说："大王的国家，四关之中，
固若金汤，北有甘泉、谷口，南绕泾水和
渭水的广大地区，西南有陇山、蜀地，东
面有函谷关、崤山；战车有千辆，精兵有
百万。拿秦国兵卒的勇敢，车骑的众多，
来抵挡诸侯国，就如猛犬追赶跛兔一
般，轻易就能成就霸王的功业。如今反而

闭锁函谷关门，兵卒不敢向崤山以东诸侯窥视一下，这是穰侯魏冉为秦国谋划不忠实，导致大王的决策失误啊！"于是秦王诚恳地请教自己的失策之处。

当时两人身边虽然并无一人，但在暗处窃听的肯定有不少，范雎心想以自己现在的身份，如果直接谈论宫廷中的事情，肯定会给自己带来不必要的麻烦，于是打算先从外事说起，借此来观察秦王的态度。因此，范雎说："大王越过韩、魏的国土去进攻强齐，这本就不是好的计

谋。出兵少了，并不能够损伤齐国；多了，则对秦国有害。臣揣摩大王的计谋，是想本国少出兵，而让韩、魏全部出兵，这就不相宜了。如今明知盟国不可以信任，却越过他们的国土去作战，这可以吗？显然是疏于算计了！从前，齐国攻打楚国，打了大胜仗，攻破了楚国的军队，擒杀了它的将帅，两次拓地千里，但到最后连寸土也没得到，这难道是齐国不想得到土地吗？是疆界形势不允许它占有啊！诸侯见齐国士卒疲敝，君臣不和睦，起兵来攻打

它，齐缗王出走，军队被攻破，遭到天下人的耻笑。落得如此下场，就是齐伐楚而使韩、魏获得土地壮大起来的缘故。这就是所说的借给强盗兵器而资助小偷偷粮食啊！大王不如采取交好远国而攻击近国的策略，如果这样的话，得到寸土是王的寸土，得到尺地是王的尺地。如今舍近而攻远，这不是个错误吗？从前，中山国的土地，方圆有五百里，赵国单独把它吞并，功业也成就了，声名也树立了，财利

也获得了，天下也没能把赵国怎么样。如
今韩、魏的形势，居各诸侯国的中央，是
天下的枢纽。大王如果想要成就霸业，一
定先要亲近居中的国家而用它做天下的
枢纽，来威胁楚国和赵国。赵国强盛，那
么楚就要附秦；楚国强盛，那么赵就要附
秦。楚、赵都来附秦，齐国一定恐慌，齐
国恐慌肯定会卑下言辞，加重财礼来服
侍秦国。如果齐国归附，那么韩、魏就有
虚可乘了。"

秦昭王说："寡人早就想亲睦魏国，
但魏国的态度变幻莫
测，寡人无法亲善

它。请问怎么办才能亲魏呢？"范雎说："用卑下的言辞，加重财礼来服侍它。这样不行，就割地贿赂它，这样还不行，就起兵来攻伐它。"秦王说："寡人知道该如何行事了。"于是任命范雎为秦国的客卿，专门计划秦国的军事情况。采用范雎所说的计谋针对魏国，最终出兵攻占了魏国的怀地，两年后，又夺取了魏国的邢丘，魏国果然来请求归附。

见到自己的计谋得以实现，范雎又

对秦王说："秦、韩两国的地形，相交纵如锦绣。秦旁有韩存在，就像树木有蠹虫，人有心腹之疾一样。天下一旦有变，危害秦国的，没有比韩国更大的。王不如使韩归附于秦。"秦王说："寡人打算使韩来附，韩不听从，可怎么办呢？"范雎说："起兵攻打荥阳，那么成皋的道路就不通了；北部截断太行的道路，那么上党的兵也就不能南下了；一举而拿下荥阳，那么韩国将分成孤立的三块（新郑、成皋、泽潞）。韩国看到自身将要覆亡，怎么能够不听从呢？韩国一顺从，那么霸业就可以成功了。"秦王说："这很好！"于是按照范雎所说的计划实施，韩国也就不得不听从秦国的吩咐了。

四、权倾朝野

（一）清除隐患

　　范雎与昭王越来越亲近了，但他还是等了数年，才开始对昭王谈秦国的内政。这一开口不打紧，在秦国就造成了翻天覆地的变化。他等到一个没有旁人的时候，悄悄地向秦王进言，说："我还在魏国的时候，就只听说齐国有丞相田文，没听说有齐王这回事儿；只听说秦国有太后、穰

侯、华阳君、高陵君、泾阳君等人，没听说
有您大王什么事儿。什么叫王？能统领一
国才叫王，能给人利或害才叫王，手握生
杀大权才叫王。如今看看您这里，太后随
便干什么都不在乎您，穰侯连出使其他
诸侯国都不向您报告，华阳、泾阳君杀起
人来毫无顾忌，高陵君上朝下殿都不等
您的吩咐，有这么四个权臣和太后在，要
是有人说您的处境还很安全，那可真是
天方夜谭了。有他们在，
您这个国王基

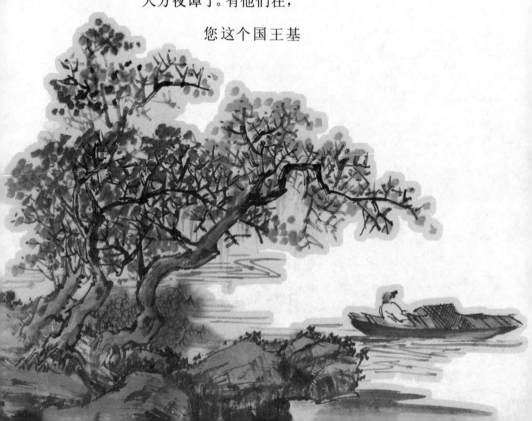

本上就可有可无了，权力怎么还能保在您
的手中，政令又几时能从您这里发出呢？
我听说，善于治理国家的人，对内要巩固
自己的威严，对外要重视手中的权力。穰
侯派人打着您的旗号，号令诸侯，订立条
约，四处征讨，没人敢不听话，好处可全
让他自己拿走了。就拿上回进攻齐国来
说，战胜了，就能增加他在陶的封地，战
争开支却由国家出；要是战败了，百姓就
要怨恨您，为社稷的稳固埋下祸根。古诗

说，果子结太大太多，树枝就要压断了；树枝断了，就要伤到树的筋骨和根本。诸侯的都城修得太大，就要对国家不利；大臣太尊贵了，就要轻视国王。崔杼、淖齿为齐王管理国家，崔杼用箭射中了齐庄公的大腿，淖齿还抽了齐缗王的筋，把他吊在太庙的大梁上，折磨了一天才死掉。李兑管理赵国，把国王关在沙丘，慢慢饿了一百天才死。如今我听说秦国太后和穰侯主理国政，高陵、华阳、泾阳做帮手，架空了大王您，用不了多久，就要以淖齿、李兑为榜样了。前人在第三代往往亡国，就是因为国王只顾玩乐，不理政事。他所任命的大臣往往嫉贤妒能，欺上瞒下，只顾私人利益，不为主上考虑，而主上又不能醒悟，时间一久，国家就不保了。如今上至您的封疆大吏，下至您身边的侍从，无一不是相国穰侯的人，您成了真正的孤家寡人，我每天都在为您提心吊胆，等您升天之后，秦国之王就不是您的子孙

了。"这番话，说得昭王胆战心惊，一边夸
范雎说得好，一边暗地里准备，不久就废
掉了太后，将穰侯、高陵、华阳、泾阳赶到
关外。昭王于是拜范雎为丞相，收了穰侯
的相印，让他回自己的封地陶老老实实地
呆着。考虑到他毕竟当丞相那么多年，就
让沿途各县派牛车给他拉行李，竟然装了
一千多辆车。在关口打开行李检查，里面
的珍宝比王室还多。

（二）睚眦必报

秦昭王四十一年，将应地封给范雎，号为应侯。

范雎当了丞相，当初带他逃出魏国，并将他引荐给秦王的王稽还是一个小传令官。有一天，王稽去拜会范雎，对他说："世事难测，不可预料的事情有三件，无可奈何的事情也有三件。万一哪天秦王归天了，这是第一件不可预料的事情；万一

哪天丞相您归天了，抛下显贵的官职和家

业，这是第二件不可预料的事情；万一哪

天我忽然落魄死在一条臭水沟里了，这

是第三件不可预料的事情。万一哪天秦

王归天了，那时候即使你因此恨我，却也

无可奈何，这是第一件；万一哪天您归天

了，那时候即使你因此恨我，却也无可奈

何，这是第二件；万一哪天我忽然死在哪

一条臭水沟里了，那时候即使你恨我，却

也无可奈何，这是第三件。"范雎听了此

言之后，心中颇有些感慨，于是就去见昭

王，说："当年如果不是王稽对您忠心耿耿，就不可能把我带进函谷关；如果不是因为大王您是贤明圣主，我今天也不可能显贵。如今我官至丞相，爵位封到了列侯，显贵到了极点，但王稽却还是个小传令官，这恐怕不能表彰他当年带我进来的作为啊！"秦王听了此言后，也深感有些怠慢了王稽，于是昭王召见王稽，拜他为河东的太守，并且三年不用给国库交钱粮捐税。范雎又推荐当年保护他的郑安平，昭王就封为将军。范雎于是散尽家财，报答当年在落魄时帮助过他的人。即

便是吃了别人一顿饭的恩德也要偿还，哪怕是当年别人瞪了他一眼也要报复。

范雎在秦国当了丞相，改名为张禄，但魏国并不知道，以为范雎已经死很久了。魏国听说秦国准备讨伐韩、魏，就派大夫须贾，出使秦国，想劝秦国放弃这个计划。范雎听说须贾来了，就换上破衣烂衫，一个人悄悄地去馆驿拜见须贾。须贾见了，大吃一惊，说："天哪，范先生还健在啊？"范雎说是。须贾开玩笑说："你是来秦国游说的吧？"范雎回答说：

"不是。我以前莫名其妙地得罪了魏国的丞相，被打掉了大半条命，好不容易逃到这里，哪里还敢作说客？"须贾问："那你现在做什么工作？"范雎说："给人当佣人。"须贾听了，十分同情，留他一起吃饭，说范先生竟然如此贫寒啊！又取出一件粗袍子送给他。吃完饭，又在一起闲谈，须贾随口问道："秦国丞相张君，你知道吧？我听说他很受秦王宠幸，天下大事都取决于他。今天我的事情成与不成看来都在他了。但我又没有门路去朝见

他。你周围的人有能跟他联系上的吗？"

范雎就说："我家主人跟张丞相熟，就是我也偶尔有机会见到他。我找机会为您通报一下吧。"须贾说："我一路赶来这里，马也跑病了，车也跑坏了，如果没有四匹马拉的大车，我就不出门。"范雎听说之后，心中很是鄙视这种行为，但还是答应向主人借辆四匹马拉的大车来接须贾。

范雎回到相府，取来一辆大车，亲自赶车，接上须贾，再回到秦相府。府里的人见了，又惊又怪，心想这车里坐的是谁啊，居然要丞相亲自驾车，都连忙躲开了。须贾见了，感到非常奇怪，问范雎，

范雎就装作不知道。到了内门，范雎对须贾说，您在这里等着，我先进去给您通报。须贾在门口等了很久，也没见范雎出来，就问看门的说："范兄弟半天也不出来，怎么回事呢？"看门的说："没有什么范兄弟啊。"须贾说："就是刚才为我赶完车后进去的那位。"看门的说："那是我们张丞相。"须贾大惊，知道自己被捉弄了，就脱掉上身的衣服，请看门的人带他向范雎谢罪。

范雎在家里大张旗鼓，摆开了架势，带足了侍从后，才接见须贾。须贾趴在地上叩头不止，说自己身有死罪："我实在没料到您能飞黄腾达，平步青云。我再也不敢读天下之书，不敢参与天下之事。我自知有下油锅的死罪，自请将我流放到蛮荒之地，听凭您发落。"范雎就问："你既然知道自己有罪，你倒是说说你有哪些罪过？"须贾回答说："就是拔光了我的头发来数我的罪过，也数不过来。"范雎就说："你罪是有的，也不用拔你的头发来数，重要的有三条。当年楚昭王时，楚之忠臣申包

胥为楚国打败了吴国，恢复了首都郢，楚王封赏他五千户，申包胥坚辞不受，说自己的目的并非为了封赏，而是因为自己先人的坟墓在楚国。我先人的坟墓也在魏国，你从前以为我有向齐王卖国之心，而向魏国丞相魏齐说我的坏话，这是第一条罪。当年魏齐把我扔在厕所时，让宾客在我身上又拉又撒，你居然不制止，这是第二条。更过分的是，你居然喝醉了酒也在我身上撒尿，我跟了你那么久，你如何忍心这么做？这是第三条。但我今天不杀你，是因为你还能拿出一件粗袍送给我，看得出来你还有故人之情，所以今天就放了你吧。"让须贾回去后，范雎进宫去向秦昭王禀报，让须贾回国。

须贾回国前，去丞相府向范雎辞行。范雎在家里大摆酒宴，请各诸侯的外交人员、侍从们于一堂，山珍海味流水般地往上端。却让须贾坐在堂下，摆上最粗劣的餐具，派两名面上刺了字的囚徒夹着他，喂他吃马食。吃完了，数落他说："回去给我告诉魏王，马上送上魏齐的人头来！不然，我就去大梁屠城了！"须贾回

到魏国，向魏齐汇报了出使经过。魏齐害

怕魏王拿他的头去送礼，就逃到了赵国，

藏在平原君家里。

　　秦昭王听说魏齐躲在赵国的平原君

赵胜家里，就想着一定要为范雎报这个

仇，假装想讨好平原君，写信给他，说仰

慕平原君，想跟他交朋友，请平原君来

秦国，一起饮上十天酒。平原君不敢拒绝

秦王，又以为秦王真的想结交他，毕竟他

是当时四大公子之一，门客号称三千，就

来见秦王。秦昭王跟他喝了几天酒，就对

平原君说："当年周文王得到吕尚，尊他

为太公；齐桓公得到了管仲，就尊他为仲父；今天范先生也是我的叔父，他的大仇人躲在您家里，请您派人回去取魏齐的头来，不然，我可就舍不得放您回去了。"平原君急了，争辩道："人们显贵的时候交朋友，是为了防备有一天会困顿；富有的时候交朋友，是为了防备有贫穷之时。魏齐是我的朋友，即使他在我家里，我也不会交出来，何况他不在我那里，我怎么交得出来呀？"秦王不理，派人给赵王送信，说："您的弟弟在我这里，范先生的仇人在平原君家里，请您派人赶紧送

魏齐的头来，不然，我可就要对赵动刀兵
了，同时，又不让您弟弟回家。"当时秦国
最强，各诸侯国都不敢正面对抗。赵孝
成王于是派兵围住了平原君家，要捉拿
魏齐。魏齐只好趁夜间逃出来，去见赵国
丞相虞卿。虞卿盘算着赵王害怕秦国，说
什么大义气节之类的话都听不进去，就
把自己的相印留在家里，自己与魏齐一起
逃亡，昼伏夜行。虞卿把天下诸侯想了个
遍，估计没人敢不听秦王的，想政治避难

很难找到地方，唯一可去的，也只有魏齐的祖国魏国了。于是又来到魏国都城大梁，想通过魏国公子信陵君逃到楚国去。信陵君虽然是四大公子之首，可也害怕秦国，怕见的话得罪秦国，不见又有失道义。犹豫不决，就问道："虞卿是个什么样的人？"周围的人都不好回答。当时大梁的看门人侯嬴在身边，听到这话，就感叹道："人果然是不容易了解，了解人也真是不容易啊！想当初，虞卿穿着破鞋，住

的地方墙头上都长草了，赵王跟他初次见面，就赐给他一双名贵的白璧；第二次见他，就封为上卿；第三次见他，就让他当上了赵国的丞相，封了万户侯。当时，天下的人都争先恐后地去结识他。如今魏齐已是穷途末路来投靠虞卿，虞卿不敢贪恋名位富贵，归还了丞相印信，连万户侯都不当了，跟魏齐一起逃到这里来，投靠公子，公子却在这里问他是'什么样的

人'！人果然不容易了解，了解人真是很难啊！"信陵君非常惭愧，亲自驾车去郊外迎接。魏齐听说信陵君开始不敢接纳他，心想此人盛名之下，其实难副，又觉得自己逃来逃去，终究是难以逃脱秦国的手心，又是伤心又是生气，没等到信陵君来就自刎了。赵王听说后，就取了他的头，送到秦国，秦国才放平原君回国。

五、功成身退

（一）失意惧疏

白起，是郿地人。他善于用兵，奉事秦昭王。昭王十三年（公元前294年），白起封为左庶长，带兵攻打韩国的新城。这一年，穰侯担任秦国的丞相。他举用任鄙做了汉中郡守。第二年，白起又封为左更，进攻韩、魏两国联军，在伊阙交战，斩敌二十四万人，又俘虏了他们的将领公孙喜,拿下五座城邑。白起升为国尉。
他率兵渡过黄河夺取了韩国安邑以东直
到干河的大片土地。第三年,白起再封为
大良造。战败魏国军队,夺取了大小城邑
六十一座。第四年白起进攻垣城,随即
拿了下来。此后的第五年上,白起攻打赵
国,夺下了光狼城。这以后的第七年,白
起攻打楚国,占领了鄢、邓等五座城邑。
第二年,再次进攻楚国,占领了楚国都
城郢,烧毁了楚国先王的墓地,一直向东
到达竟陵。楚王逃离郢都,向东奔逃迁
都到陈。秦国便把郢地
设为南郡。白起

被封为武安君，他趁势攻取楚地，平定了巫、黔中两郡。昭王三十四年（公元前273年），白起进攻魏，拔取华阳，使芒卯败逃，并且俘获了赵、魏将领，斩敌十三万人。当时，白起与赵国将领贾偃交战，把赵国两万士兵沉到黄河里。昭王四十三年（公元前264年），白起进攻韩国的陉城，夺取了五个城邑，斩敌五万人。昭王四十四年（公元前263年），白起攻打韩国的南阳太行道，把这条通道堵死。昭王四十七年（公元前260年），秦国派中更胡阳越过韩国的上党，向赵国的险要地区阏与（今山西和顺）进攻。次年，赵国派

将军赵奢前往救援。赵奢是一代名将，用
兵如神，用计麻痹秦军，诱敌深入，"纵
兵击之，大破秦军"，使得秦军的锋芒大
受挫折。但这并没有阻止秦军继续前进
的步伐，昭王四十五年（公元前262年），
秦昭王派大将白起攻打韩国，占领了野
王城，切断了韩国上党郡和国都新郑的
联系。韩国想献出上党郡向秦求和，但是
上党郡守冯亭不愿降秦，于是请求赵国

发兵取上党郡。赵国派出老将廉颇带着
大军驻扎在长平，秦国也派大军向长平
进攻，开始了战国时期从未有过的大战。
廉颇鉴于秦军攻击力很强，采取筑垒固
守、坚不出战、以逸待劳的策略，消耗秦
军的力量，双方相持三年，未分胜负。此
时，范雎向秦王建议，可以利用赵国君臣
不和的情形，实施反间计，派人在赵国大
肆宣扬说："秦国最伤脑筋的，只是怕马

服君的儿子赵括担任将领而已，廉颇容
易对付，他就要投降了。"赵王早已恼怒
廉颇军队伤亡很多，屡次战败，却又反而
坚守营垒不敢出战，再加上听到许多反间
谣言，信以为真，于是派赵括取代廉颇率
兵攻击秦军，秦国得知马服君的儿子充任
将领，就暗地里派武安君白起担任上将
军，让王龁担任尉官副将，并命令军队中
有敢于泄露白起出任最高指挥官的，格
杀勿论。赵括只会纸上谈兵，不会领兵打
仗，他一反廉颇的战略，主动向秦军大举

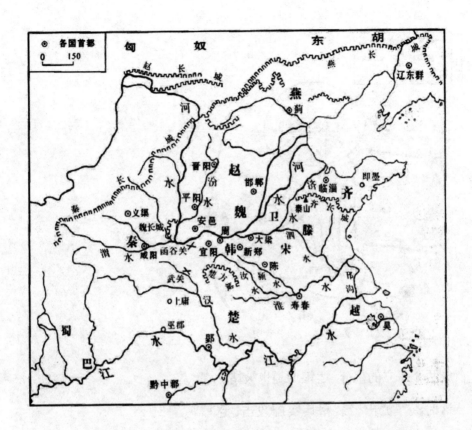

进攻。而这正是秦将白起所希望看到的，他命令秦军假装战败而逃，同时布置了两支突袭部队逼近赵军。赵军乘胜追击，直追到秦军营垒。但是秦军营垒十分坚固，不能攻入，而秦军的一支两万五千人的突袭部队已经切断了赵军的后路，另一支五千骑兵的快速部队楔入赵军的营垒之间，断绝了它们的联系，把赵军分割

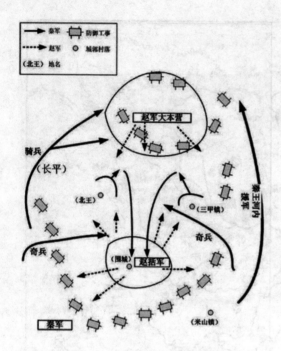

成两个孤立的部分，运粮通道也被堵住。

这时秦军派出轻装精兵实施攻击，赵军

交战失利，就构筑壁垒，顽强固守，等待

援兵的到来。秦王得知赵国运粮通道已

被截断，亲自到河内，封给百姓爵位各一

级，征调15岁以上的青壮年全部集中到长

平战场，拦截赵国的救兵，断绝他们的粮

食。到了九月，赵国士兵断绝口粮已经46

天，军内士兵们暗中残杀以人肉充饥。困

厄已极的赵军扑向秦军营垒，发动攻击，

打算突围而逃。他们编成四队，轮番进攻了四五次，仍不能冲出去。他们的将领赵括派出精锐士兵并亲自披挂上阵率领这些部下与秦军搏杀，结果秦军射死了赵括。赵括的部队大败，士兵四十万人向武安君投降。武安君谋划着说："前时秦军拿下上党，上党的百姓不甘心作秦国的臣民而归附赵国。赵国士兵变化无常，不全部杀掉他们，恐怕要出乱子。"于是用欺骗伎俩把赵国降兵全部活埋了。只留下年

纪尚小的士兵二百四十人放回赵国。此战前后斩首擒杀赵兵四十五万人，赵国上下一片震惊。

白起的巨大成功使得范雎心头滋生一股酸溜溜的感觉，感受到莫大的空虚失落。恰在此时，秦军再次平定上党郡。秦军兵分两路：王龁攻下皮牢，司马梗平定太原。韩、赵两国十分害怕，就派苏代到秦国，献上丰厚的礼物劝说丞相应侯说："武安君擒杀赵括了吗？"应侯回

答说："是。"苏代又问："就要围攻邯郸
吗？"应侯回答说："是的。"于是苏代说：
"赵国灭亡，秦王就要君临天下了，武安
君当封为三公。武安君为秦国攻占夺取
的城邑有七十多座，南边平定了楚国的
鄢、郢及汉中地区，北边俘获了赵括的
四十万大军，即使历史上赫赫有名的周
公、召公和吕望的功劳也超不过这些了。
如果赵国灭亡，秦王君临天下，那么武安
君位居三公是定而无疑的，您能屈居他
的下位吗？即使不甘心屈居下位，可已成

事实也就不得不屈从了。秦军曾进攻韩国，围击刑丘，困死上党，上党的百姓都转而归附赵国，天下百姓不甘作秦国臣民的日子已经很久了。如果把赵国灭掉，它的北边土地将落入燕国，东边土地将并入齐国，南边土地将归入韩国、魏国，那么您所得到的百姓就没有多少了。所以不如趁着韩国、赵国惊恐之机让它们割让土地，不要再让武安君建立功劳了。"

听了苏代这番话，应侯便向秦王进言道：

"秦国士兵太劳累了，请您应允韩国、赵国割地讲和，暂且让士兵们休整一下。"

秦王听从了应侯的意见，割取了韩国的垣雍和赵国的六座城邑便讲和了。正月，双方停止交战。武安君得知停战消息，自有想法，从此与应侯互有恶感。而对于采纳范雎意见的秦昭王本人，白起内心深处也萌生了些许不满。所以当秦昭王改变想法，决定重新围攻邯郸时，白起就托病不朝，死活不肯出任主帅。秦昭王知道他有病是假，闹情绪是真，故一再坚持让他挂帅出征，并数次派范雎上门去劝请。白起一见范雎就来气，更是坚辞不从，君臣关系从此变得十分紧张。

对于一直嫉妒白起军功的范雎来说，眼下的僵局正是他梦寐以求的。为了彻底除掉白起这个竞争对手，他决定趁热打铁，利用秦昭王对白起的信任危机，鼓簧摇舌，挑拨离间，进一步强化秦昭王

对白起的恶感。他的战术果然奏效，秦昭王最终下令贬白起为普通士卒、逐出京城咸阳。可怜一代名将白起，在范雎的陷害下，竟然被剥夺一切，流落天涯。不过对于范雎而言，白起被削职流放还不能算是完全遂愿，他的终极目标是斩草除根。为此他再向秦昭王进谗言说："白起之迁，其意尚怏怏不服，有余言。"秦昭王听了火冒三丈，下令逼白起自杀。旷世军事天才白起就这样殒命黄泉，是历史上一个巨大的悲剧。

长平之战使得赵军主力损失殆尽，公元前259年，秦国派大将王陵领兵包围赵都邯郸，由于秦国的残杀，激起了赵人的

义愤，赵国军民重整旗鼓，对秦军的进攻英勇抵抗。秦军屡遭挫折，死伤惨重。因为白起已经不在，军中无人。在这种情形下，范雎起用当年旧人郑安平为进攻邯郸的主将，公元前257年，魏国、楚国准备救赵，魏将晋鄙因畏惧秦国，不敢进兵，魏相信陵君无忌窃符救赵，秦军在赵、魏、楚三军的内外夹攻下，终于大败，秦将郑安平在走投无路之下，与手下的二万

人一起投降了赵国。应侯范雎就自请降
罪。按照秦国的法律，所任用的人办事
不力，主事的人也要承担同样的罪名，因
此应该诛应侯的三族。秦昭王念着范雎
的大功，不但不忍心怪罪他，同时还怕他
因此不高兴，就在全国下令，谁敢谈郑安
平的事情，就用郑安平该得的罪来收拾
他，同时对应侯的赏赐和恩宠更加厚重，
尽量顺着他的心意。两年后，王稽担任河
东太守，却与诸侯暗通，事情败露以后被
诛。范雎因此愈加惭愧。

　　一天，秦昭王在朝堂之上叹气。应侯上前说："我听说，如果国主有忧虑，就是做臣子的耻辱；国主感到羞辱，就是臣子的死罪。今天大王在朝堂有忧虑，就请大王降我的罪。"昭王回答说："我听说楚国的铁剑很锋利，但倡优的人都很笨拙。他们铁剑锋利，那战士就更加勇猛；倡优笨拙，管事的人就有更多的时间来考虑国家大事。以长远的考虑来统率勇猛的战士，我恐怕他们对秦国有企图。

自古以来，准备不充分，就不能够应付战争。如今武安君已死，郑安平等人又叛国，国内无良将，国外敌人多，所以我才忧虑啊。"秦昭王是想以这种方式让应侯振作起来。应侯很害怕，又拿不出什么好主意。蔡泽听说了，就进入秦国来见他。

（二）举荐蔡泽

蔡泽，是燕国人。早年四处游学，并以此游说天下诸侯。大小诸侯试了不少，没一个人赏识他。有

一天，他碰上了号称神相的唐举，就问道："听说您曾经给李兑看相，说他百日之内就能把持国政，结果真的应验了，有这回事吗？"唐举说有。他又问："那麻烦您看看我吧？"唐举仔细看了半晌，笑道："像先生这样的朝天鼻、耸肩、黄熊脸、蹙眉、罗圈腿，我听说有的圣人相貌奇特，该不会就是说先生你吧？"蔡泽知道唐举是在取笑，就正容答道："前程富贵我自己能把握，我所不知道的，是自己的寿命，还请指教。"

唐举回答道："先生的寿命，从今天算起，还可以活四十三年。"蔡泽大笑，答谢唐举而去。

在路上，蔡泽

对自己的御者说道："我吃着白饭肥肉，跃马疾驰，怀里藏着黄金官印，身披紫带结交权贵，在君主面前迎来送往，大块吃肉大碗喝酒，身享荣华富贵，四十三年足够了！"他去赵国游说，被赵王驱逐了出来；去韩国和魏国，半路上被人抢走了吃饭的家伙。听说应侯因错用郑安平、王稽等人而身负重罪，内心正万分惭愧，蔡泽就入秦去见他。

　　蔡泽想见昭王，但他知道必须过应侯这一关。他找人去给应侯传话，说现在有燕国来的蔡泽，是天下最了不起的辩士。如果他一见秦王，必将说动他，秦王必将觉得您江郎才尽，而将相位赐给他。蔡泽这么说，是想激应侯见他。应侯听人这么说，回答说："三皇五帝的故事，诸子百家的说辞，没有我不知道的。天下不知道有多少最精巧的说辞，都被我摧毁了，就凭这么个人能陷我于困境而夺我的相位吗？"派人去叫蔡泽来见。蔡泽进入丞相府，也就是对着应侯拱拱手，全无见当朝丞相的恭敬之意。应侯本来就很不高兴，等见了蔡泽，见他如此傲慢，心里就更不舒服，责备他说："你到处宣言要取代我当秦相，是真有这回事吗？"蔡泽回答说有。应侯说："那我倒要听听你的说辞了。"蔡泽不慌不忙，开始了他的长篇大论。

蔡泽说："自然的规律，是功成身退。就像一生中身体健康强壮，广受人民敬爱尊重，享受荣华富贵，却又能得享天年，不至于早年去世，又能流芳千古，遗泽万年，这难道不是我们这些明智之士所期望的结局吗？"

应侯说："是"。

蔡泽说："可是您看秦的商鞅，楚国的吴起，越国的大夫文种，他们的结局与他们的愿望相符吗？"

　　应侯知道蔡泽是想说自己已经陷入了困境，就假装说："这又有什么不好吗？商君、吴起、文种尽力帮助自己的主子达成霸业，忠心耿耿，至死气节不变，视死如归。人嘛，活着受辱，倒不如光荣地死掉。只要是道义所在，虽死犹荣，有什么不行呢？"

　　蔡泽说："如果君主圣明，臣子贤良，那就是天下的大福气；君主明白，臣子忠直，那也是国家的福气。但比干忠心却救不了殷，伍子胥有智计却不能保全

吴国，申生孝悌但晋国乱了，这些都是忠臣孝子，但国家还是灭了，为什么呢？因为没有贤明的君主来听取意见，所以天下的百姓就议论这些君主的昏庸，而同情这些忠臣。今天商君、吴起、大夫文种这些臣子的作为，那是没什么可挑剔的；但他们的君主，都一塌糊涂了。所以世人说这三人终其一生地努力，也没有建立相应的功勋，难道这是羡慕他们生不逢时地死掉吗？如果只能等死后才能因为忠诚而成名，那就不用推崇微子的仁爱，不

用把孙子当作圣人，不用称颂管仲的功
业了。人们要建功立业，难道不盼望着功
业与生命都能保全吗？身体和功名都能
保全的，才是上选；建立了后人愿意效法
的名声，人却死了，是中选；身体虽然得
以保全，但留下了坏名声，是最差的情况
了。"于是应侯开始觉得他说得有道理。

蔡泽过了一会才继续说："您看，商
君、吴起、大夫文种，这些人作为臣子尽
忠的事情，如果还觉得可以接受的话，那
闳夭侍奉周文王，周公辅佐成王，难道不
也是尽忠吗？从君臣之间的关系来说，商

君、吴起、大夫文种这些人的可以接受，能与闳夭、周公相比吗？"

应侯说："商君、吴起、大夫文种比不上了。"

蔡泽就问："那么我问您，当今的君主在仁慈和信任忠臣，尊重和厚待功臣，与贤明智慧有道之士关系如胶似漆，又坚守信义不背弃功臣方面，与秦孝公、

楚悼王、越王相比，又如何呢？"这三位
君主，分别是商君、吴起、大夫文种三人
的主子，这三人虽然建立了不少功绩，最
终还是被他们的主子杀掉，所以蔡泽这
么问。

应侯说："不清楚，我也说不好。"

蔡泽说："如今的君主与忠臣的亲
厚，不能超过秦孝公、楚悼王、越王，那
您在为君主排忧解难，治国张兵，使天下
不敢侵犯秦国，让君主威震海内，功传万

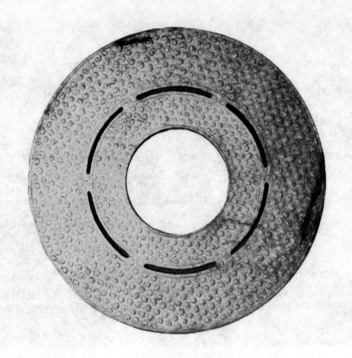

里之外,声名光辉在千秋万世后传颂方

面,与商君、吴起、大夫文种相比,又如

何呢?"

应侯说:"我不如他们。"

蔡泽说:"如今君主的不忘故旧方

面不如秦孝公、楚悼王、越王,而您的功

绩又不如商君、吴起、大夫文种,但您的

禄位显贵,财产富有却超过了他们三人,

却还不肯引退,恐怕将来的后患还重于

这三人,我很为您担心啊!古话说,太阳

到了中午的时候，就要开始下降，月圆之
后，就是月亏。事物发展到了最强盛的顶
点，就要开始衰败，这是大自然的道理。
审时度势，决定进退伸缩，与时俱进，这
是圣人能长存的道理。所以说，国家在
治世，就出来做官，国家在乱中，就退隐
江湖。圣人说，飞龙在天，利见大人；又
说，不义而富且贵，于我如浮云。如今您
的仇恨和恩情都已经报完了，快意恩仇
已经到了极致，却不思考应变之计，我很

为您不以为然。像翠鸟、鸿鹄、犀牛、大
象，它们的境况并不至于被杀，但它们依
然被杀，是因为被诱饵所吸引。以苏秦、
智伯的智慧，并不是不足以远离屈辱、
躲开死亡，之所以还是死了，就在于贪恋
眼前的利益，不能停止。所以圣人才制
定礼仪，节制欲望，获取人民的财富有分
寸，在适合的时机差遣，用起来有止境，
所以不会志得意满，举止不骄横，不会失

去道义，所以天下能够传承延续而不断绝。当年齐桓公九次召集天下的诸侯，匡扶周室的天下，却因为葵丘大会上有骄傲的神色，导致有九国的诸侯背叛了他。吴王夫差的兵马无敌于天下，勇猛强大，因此轻视天下诸侯，欺凌齐国、晋国，最终国破身亡。夏育、太史嚓都是天下猛将，呼喊之间三军变色，却都死在最不起眼的人手里。这些人，都是达到了极点

而不回头，不肯从高处退居平凡而遭的
祸。您看商君，为秦孝公治理天下，订立
法度，休养生息，以至于国富兵强，无敌
于天下，威震诸侯，成就了秦国的基业，
最终的结果却是被车裂于市。楚国方圆
数千里，军队上百万，白起率一支数万人
的部队与之作战，第一仗就攻占了都城
郢，烧掉了夷陵，第二战吞并了蜀汉。又
越过韩、魏去进攻强大的赵国，在长平之
战中，将马服子（赵括）带领的四十余万
人屠杀干净，以至于血流成河，哭喊声像

雷霆一样，进而围困了都城邯郸，使秦国
有了称帝的霸业，自此之后，楚国、赵国
这些强国都老老实实不敢正眼看秦国，
这都是白起造成的形势。亲身攻下的城
池有七十多座，功业已成，却最终被赐剑
自杀于杜邮，随便说一句，也这是您的功
劳。吴起为楚悼王订立法律，精兵简政，
移风易俗，向南收服扬越，向北吞并陈国
和蔡国，破除合纵与连横，使楚国兵震天
下，威服诸侯，功业
已成，最
终自己

被肢解。文种为越王勾践深谋远虑，免除会稽山的危局，带领全国人民卧薪尝胆，灭了强大的吴国，报了吴王夫差的深仇，令越国成为一方霸主，功勋已立，大志已伸，勾践最终还是负心杀了他。这四个人，都是成就了功业而不肯离开，终成灾祸，这就是所谓的能伸不能屈，能去而不能回啊。范蠡知道这道理，超然离开，当他的陶朱公去了，一生富甲天下。您当相国，定计的时候不下坐席，出谋的时候

不离庙堂，坐着制服天下诸侯，攻占了三川之地，东征西讨，使六国不能合纵，没有一个国家不害怕秦国，秦王想到的，您都做到了，功业已经到了极致了。如果还不懂得引身而退，您就是继商君、白起、吴起、文种之后，做第五个了。我听说，拿水面当镜子照，能看到自己的面容；拿别人当镜子照，能知道自己的吉与凶。书上说：成功之下，不能久留，看看这四个人的结果，您自己有什么打算呢？为何不在此时归还相印，让位给贤明的人，自己退居山川，还能有伯夷的廉名，一直当您的应侯，既有许由、延陵季子谦让的美名，又有王子乔、赤松子那样的长寿，不比以灾祸终结强吗？您看看您现在，忍受而不能离开，犹豫而不能决断，将来必定会有那四个人的灾难。易经上说：亢龙有悔，这就是说能上不能下，能伸而不能屈，能去而不能回，希望您仔细想想。"

应侯说："您说得太好了！我听说，有欲望而自己不知道，最终就会失去想得

到的；已经占有了而不知道，就会失去所
占有的。谢谢您的教诲，我会听从的。"
于是请蔡泽入座，待为上客。

过了几天，应侯入朝，对秦昭王说：
"有一个刚从山东来的人，叫蔡泽，是个
辩士，通晓三王的事，五霸的功业，世俗
的变化，足以委任秦国的国政。我见过的
人很多，没有人能比得上他，即使是我，

也不如他，因此前来向您禀报。"

于是秦昭王召见蔡泽，一谈之后，非常欣赏，拜为客卿。应侯借此称病，请求归还相印。昭王不许，强迫应侯上朝理事，应侯就躺在家里，声称病得很重。于是昭王免除了应侯的丞相，近来又十分欣赏蔡泽的谋划，拜他为丞相。

战国时代残存的周王室不过保有洛阳附近的一小块地方。公元前367年，周贵族发生权力争夺，韩、赵用武力加以

支持，周又分裂成西周、东周两个部分。在河南王城的称西周公，在巩（今河南省巩县西南）的称东周公，二周不仅各自独立，还常相互攻打。周赧王名为天子，实则寄居西周。公元前256年，秦灭西周，这年周赧王去世，从此挂名的天子也不复存在。公元前249年，秦又灭东周，并且攻取了韩国的成皋、荥阳，连同东周、西周的地方建成三川郡，这就使得秦据有今伊水、洛水和黄河之间的大片土地。

　　另一方面，结束诸侯割据局面，完成封建国家的统一事业，是春秋战国以来历史发展的必然趋势。而由秦国完成统一，并不是偶然的，秦自商鞅变法以来，由于社会改革比较彻底，建立了比较巩固的中央集权的封建政权，新兴地主阶级的力量比较强大，经济发展比较迅速，军队装备精良，供给充足，战斗力强。因此，从公

元前238年起，秦王政开始亲自执政，他从吕不韦、嫪毐手里夺回了权力，重新部署了对付六国的战略和策略，开始了统一中国的战争，在十年的时间里，秦国逐步消灭了其他六国，最终完成了统一。

至于蔡泽，他当了几个月的丞相后，有些大臣开始在昭王面前说他坏话，他害怕被诛，就按自己给应侯规划的计策，称

病不上朝，归还了相印，号纲成君，在秦国住了十余年，历经三个皇帝，倒也得了善终。

自古以来，取功名难，于成功后能急流勇退更难。范雎说，"欲而不知，失其所欲。有而不知，失其所有"，像范雎、蔡泽，就是既懂得这个道理，又能身体力行的人。片言而取天下之后，又能够于巅峰之际、成功之时，全身而退，在春秋战国之际，更显得难能而可贵了。